UN BATAILLON DE MOBILES

PENDANT LA GUERRE

DE 1870-71

SOUVENIRS

DE L'ARMÉE DU NORD

PAR

Louis GENSOUL

Ancien Lieutenant de Mobiles

Officier en réserve au 55ᵉ de ligne

NIMES

IMPRIMERIE ADMINISTRATIVE P. JOUVE

Rue Dorée, 24, près le Lycée.

—

1879

AVERTISSEMENT

La malheureuse campagne de 1870-71 est déjà bien loin
de nous et l'intérêt qui s'attachait aux récits militaires de
cette époque diminue de jour en jour ; aussi trouvera-t-on
peut-être que j'aurais mieux fait de garder mes notes et
de ne pas réveiller de tristes souvenirs. Je comprendrais
ce reproche si le petit travail que je livre à l'impression
était destiné à une grande publicité ; mais il se présente
beaucoup plus modestement ; il s'adresse spécialement
aux Mobiles du 3me bataillon du Gard qui me sauront gré,
je l'espère, de leur communiquer des notes de campagne
très-exactement prises, auxquelles j'ai ajouté nos impres-
sions de chaque jour et quelques réflexions sur les
opérations de l'Armée du Nord.

Je me suis toujours placé au point de vue de mon
bataillon et plus particulièrement de ma compagnie ;
ma brochure sera donc comme un *memento* pour mes
anciens compagnons d'armes, et si elle trouve faveur
auprès d'eux, le but que je me proposais sera atteint.

Nimes, le 21 mai 1879.

UN BATAILLON DE MOBILES

PENDANT LA GUERRE

DE 1870-71

I

Le 16 août 1870 , les officiers et soldats du 3ᵐᵉ bataillon des mobiles du Gard recevaient l'ordre de se rendre à Uzès le 20 et de se mettre immédiatement à la disposition du commandant Poilpré. On n'avait pas de temps à perdre ; les nouvelles de l'armée devenaient tous les jours plus mauvaises, le territoire français était envahi ; cet appel précipité ne surprit donc personne. ,

En arrivant à Uzès, nous trouvâmes la ville , si calme d'ordinaire, dans une agitation extrême : les gardes mobiles avaient été accompagnés par leurs parents et amis, si bien que l'arrondissement tout entier semblait s'être donné rendez-vous au chef-lieu. Il n'était resté dans les villages que les femmes et les infirmes, mais tous les hommes valides avaient voulu voir cette première réunion de la garde mobile, qui s'accomplissait dans d'aussi graves circonstances.

A neuf heures du matin, un Conseil de révision était déjà installé dans l'Hôtel-de-Ville et menait bon train ses opérations. Le temps pressait évidemment, et l'on ne pouvait pas examiner 3,000 hommes avec le soin qu'on y met en temps de paix ; mais il faut avouer cependant qu'on allait un peu trop vite en besogne. Bientôt le bruit se répandit dans toute la ville que quelques hommes venaient d'être exemptés sans examen sérieux et par faveur ; on citait notamment des hommes de Remoulins que le Conseil avait éliminés sans raison. Ceux qui connaissent nos populations comprendront à quel degré d'exaspération et de fureur une pareille nouvelle pouvait conduire les mobiles du même canton et leurs parents ! En quelques instants la foule se précipite vers la Mairie, l'entoure en criant et lançant des pierres aux fenêtres du premier étage, où siégeait le Conseil ; la gendarmerie, impuissante à la contenir, est repoussée à coups de pierre ; des officiers de mobiles en costume sont bousculés, insultés, et l'un d'eux désarmé au moment où il cherchait à tirer son sabre pour se défendre.

Le Conseil, interdit par une attaque aussi violente et sérieusement menacé, suspendit ses opérations. Puis la foule se dispersa par un de ces mouvements d'oscillation dont il est difficile de se rendre compte ; elle se répandit dans la ville par groupes nombreux qui ne cessèrent de circuler pendant toute l'après-midi et une partie de la nuit en chantant la *Marseillaise*, le *Chant du Départ* et autres chants patriotiques assez déplacés dans la bouche de ces hommes indisciplinés.

La première journée n'était pas encourageante, surtout pour les jeunes officiers : nos galons commençaient à nous peser singulièrement, leur autorité sur de pareils soldats paraissait douteuse.

Le 21, de très-bonne heure, le général de Nimes, escorté d'une compagnie du 56ᵐᵉ de ligne, arrivait à Uzès. On battit le rappel, et les mobiles, dispersés dans toute la ville, se réunirent à la caserne, au premier coup de baguette ; c'était merveilleux ! Le général prononça quelques paroles sévères ; il dit que le premier récalcitrant serait passé par les armes, et cette partie éloquente de son discours produisit un excellent effet. Nous fîmes l'appel dans chaque compagnie et procédâmes à l'équipement de nos hommes ; le calme le plus parfait régnait dans le bataillon.

Il en fut ainsi jusqu'au 4 septembre : nous allions deux fois par jour au Champ-de-Mars faire l'exercice ; l'instruction des hommes progressait rapidement et nous étonnions ces bons Uzétiens qui auguraient si mal de nous le premier jour.

Mais le 4 septembre arrive, la République est proclamée ! Je suis vraiment désolé de constater que cette proclamation produisit sur notre organisation naissante le plus déplorable effet. A cette époque, l'idée de République et celle de désordre étaient si intimément liées dans l'esprit du plus grand nombre que nos mobiles, très-naïvement et de bonne foi, en entendant proclamer la République, crurent que la guerre était finie, qu'il n'y avait plus d'Empereur, plus d'officiers, plus de règlements militaires, la liberté pour tous ! et, par suite, liberté pour eux d'abandonner la caserne et de retourner dans leurs villages. Ils étaient déjà couchés ; ils descendirent bientôt de leurs chambrées en masse, forcèrent la porte de la caserne, malgré toute l'énergie de l'officier de garde, et regagnèrent tranquillement leurs domiciles respectifs.

Le lendemain, à l'appel, la moitié des hommes manquait ; la gendarmerie se mit en campagne immédiatement, et ce fut à grand'peine qu'elle parvînt à ramener les déserteurs, dispersés dans toutes les communes de ce vaste arrondissement.

Les mêmes faits s'étaient produits sur d'autres points ; il devenait urgent de dépayser les régiments de mobiles , et c'est ce que fit le gouvernement de la Défense nationale: le 11 septembre, à cinq heures du matin, nous quittions Uzès. Les premiers kilomètres se firent assez régulièrement, mais après, il y avait plus de traînards que de soldats dans le rang ; la tête de colonne arrivait à Nimes et la queue traversait encore le Pont-Saint-Nicolas.

II

A Nimes, un train spécial, composé de wagons à bestiaux, nous attendait dans la gare des marchandises ; les hommes avaient trois jours de vivres dans leur sac, on les fit monter immédiatement, et le train partit. Ces wagons étaient peu confortables : lorsqu'ils servaient à transporter les bœufs et les moutons, la Compagnie devait, sans doute, les garnir de paille, mais elle n'avait pas jugé à propos de prendre ce soin pour nous, de sorte que les mobiles étaient obligés de rester debout ou de s'asseoir sur les planches du parquet. On nous envoyait à Brest, mais l'encombrement des voies directes nous obligeait à prendre la route de Cette, Toulouse, Bordeaux, Angoulême, Poitiers, le Mans, Rennes, Saint-Brieuc. Pendant trois jours et trois nuits, notre train ne s'arrêta que pour changer de locomotive ou se garer ; il marchait très-lentement, ce qui nous permettait d'admirer à notre aise le paysage des diverses provinces traversées. Les officiers, largement installés dans une voiture de première classe, ont conservé le meilleur souvenir de ce voyage. Dans un très-grand nombre de gares, on avait organisé des buffets magnifiques où les soldats recevaient gratis toutes sortes de provisions ; les dames de la ville servaient elles-mêmes et offraient aux officiers d'excellents dîners ; parfois notre commandant faisait descendre la fanfare qui jouait un air pour remercier les habitants de leur générosité ; puis nous partions à la hâte et souvent avec regret.

Enfin, le 14 septembre, à huit heures du matin, nous arrivions à Landerneau ; nous n'allions pas à Brest où se trouvait déjà le 1er bataillon des mobiles du Gard. Décidément on nous avait dépaysés ; il aurait été difficile de nous envoyer plus loin.

Landerneau est une petite ville célèbre, au même titre que Carpentras et Brive-la-Gaillarde, mais, pas plus que ses deux sœurs, elle ne mérite la mauvaise réputation que les vaudevillistes lui ont faite. Les habitants, fort aimables, très-accueillants, valent bon nombre de Parisiens qui les dénigrent. Nous étions logés dans un vieux couvent abandonné, entouré d'un superbe parc où nous allions faire l'exercice, à l'ombre de grands arbres.

De Landerneau on va à Brest en bateau ; c'est une promenade charmante et que plusieurs d'entre nous firent avec le plus grand plaisir. Quant à la guerre, personne n'y songeait, et il était bien permis de l'oublier au fond de la Bretagne ! Nous n'avions pas à redouter une attaque prochaine. Nous installions tranquillement dans notre couvent les marmites que le Conseil municipal de Landerneau avait votées pour nous ; c'était la grande préoccupation du jour, lorsque l'ordre nous vint de partir pour Amiens. Il fallut quitter notre vieux couvent et ses frais ombrages, nos marmites, les landernoises, et remonter dans un maudit train aussi lent que le premier, qui mit deux jours à faire le trajet, en passant par le Mans et Rouen.

Notre séjour à Amiens ne fut pas long : arrivés le 24 septembre, nous repartions, le 28, pour Péronne. La route la plus directe d'Amiens à Péronne passe par Corbie et Bray. Le bataillon fit une première étape d'Amiens à Corbie ; le 29, il vint coucher à Bray, et la compagnie de Bagnols fut détachée à Morlancourt. Le 30, au soir, nous entrions à Péronne.

III

Péronne est une des plus anciennes places fortes du Nord ; son histoire remonte à l'époque mérovingienne. Pendant cette longue existence elle a subi de nombreux siéges, de vigoureux assauts, mais, en septembre 1870, elle pouvait encore s'appeler : *Péronne-la-Pucelle ;* jamais l'assaillant n'avait pénétré dans ses murs. Ses armoiries portaient cette fière devise : « *Urbs nescia vinci.* » Depuis sa capitulation du 9 janvier 1871, elle a perdu son surnom et sa devise.

La ville est petite, contient à peine 5,000 habitants, mais je ne connais pas de ville, petite ou grande, plus propre, plus coquette et plus jolie. Sur la grande place d'armes, bien régulière et bien pavée, s'élevait l'Hôtel-de-Ville, construit sous François Ier, et l'église Saint-Jean, commencée sous Louis XII. Ces deux monuments, aussi beaux que respectables, ont été détruits par les Prussiens pendant le siége, avec l'hôpital et plusieurs belles maisons particulières. Mais les remparts, bâtis par Vauban, sont intacts. Les Prussiens font la guerre aux églises, aux maisons, ils respectent les remparts : c'est la nouvelle tactique qu'ils ont introduite dans l'art des siéges ; il ne m'appartient ni de la juger, ni de blâmer les capitulations qui en sont la conséquence.

Péronne était très-forte avant l'invention des canons à longue portée. La Somme forme, autour de ses remparts, de vastes marécages qui la rendent d'un accès presque impossible ; le fort de la Couronne de Paris et celui de la Porte de Bretagne sont très-savamment construits. Ces défenses seraient précieuses, si la ville n'était pas dominée par des hauteurs, situées à 3,000 mètres environ, d'où les Prussiens bombardaient à leur aise.

Le commandant du génie, Peyre, et le commandant Garnier travaillaient sans relâche à fortifier la place. Dès le lendemain de notre arrivée, les mobiles furent employés aux travaux de fortifications ; de nombreuses corvées, passaient leurs journées à planter des pieux, à faire des remblais, à élaguer les arbres.

Deux fois par jour, le bataillon se réunissait sur la place d'armes, sortait par la porte Saint-Nicolas et allait faire l'exercice aux Quinconces. Déjà l'hiver commençait à se faire sentir. Vers la fin d'octobre, une pluie fine et froide tombait sans cesse, et les hommes avaient encore les vêtements distribués à Uzès, qui se déchiraient de toute part ! Le préfet de la Somme nous fit hommage de quelques tricots de laine et de couvertures, mais les pantalons manquaient, ce qui devenait grave, au point de vue des mœurs.

Dans de pareilles conditions d'équipement le service était très-pénible : les postes, organisés comme en présence de l'ennemi qui, en réalité, n'était pas éloigné, exigeaient 200 hommes de garde par jour, et notre bataillon formait à lui seul la garnison ; le tour des hommes, et des officiers surtout, revenait très-souvent.

Le fort de la Couronne de Paris et celui de la Porte de Bretagne avaient chacun 50 hommes, commandés par un officier. A midi, après la parade, l'officier de garde prenait possession de son poste, creusé sous les remparts, casematé, humide, malgré le poële qui brûlait nuit et jour. Dix sentinelles montaient la garde sur les remparts, les pieds dans la boue, sans manteau, avec leurs vêtements déchirés, enveloppées dans la mauvaise couverture du préfet de la Somme, que la pluie glacée traversait en quelques minutes. Mais, en novembre, les sentinelles de nuit ne pensaient plus au froid ; leur attention était constamment dirigée vers la plaine, car l'ennemi avait été signalé aux environs. L'ordre était donné de tirer sur les maraudeurs après un seul avertissement et de veiller avec le plus grand soin. Souvent le plongeon d'une poule d'eau donnait une fausse alerte : le poste prenait les armes, l'officier montait sur les remparts, le tout était consigné au rapport. Pendant le jour, les hommes jouaient au bouchon devant le poste, ou aux cartes dans l'intérieur. Mais ces vingt-quatre heures étaient bien longues, et c'était avec joie que l'on passait la consigne à la garde montante.

Une fois par semaine, chaque compagnie allait faire une reconnaissance aux environs de Péronne. Le chef de la compagnie recevait du commandant de place un billet plié en cœur, conçu dans les termes de celui-ci que j'ai retrouvé parmi mes notes de campagne : « La reconnaissance opérée par la 3ᵐᵉ compagnie , dans la matinée du 1ᵉʳ novembre 1870 , aura à sortir par la Porte de Bretagne, aller jusqu'à la Maison-Rouge, route de Boissel, et descendre à Bussu, en fouillant le bois dit du Pendu, et rentrer à Péronne. » La compagnie exécutait l'ordre très-fidèlement et rentrait sans jamais apercevoir la silhouette d'un uhlan au sommet des plus lointaines collines.

Je n'ai rien dit encore de nos relations avec la population de Péronne. Pour donner une idée exacte de l'excellent accueil que nous avons reçu et des charmants souvenirs que cette hospitalité nous a laissés, il faudrait pouvoir donner en détail l'histoire des rapports de chaque mobile avec la famille qui le logeait ; je suis persuadé que nous n'aurions pas une plainte à enregistrer, mais, au contraire, une multitude d'exemples de bonté et de générosité de la part des habitants. J'étais logé chez un notaire, qui m'avait donné une superbe chambre, m'invitait à dîner cinq fois par semaine, me conduisait en voiture à sa campagne et me comblait de prévenances. Tous mes amis étaient logés à la même enseigne ou à peu près. Notre séjour à Péronne a duré près de deux mois, et, pendant toute cette période, il ne s'est pas élevé un seul conflit entre les habitants et nous. Il faut bien dire aussi que les bourgeois de Péronne avaient hébergé avant nous des mobiles assez ivrognes et très-exigeants, en sorte qu'ils appréciaient d'autant plus la sobriété et la douceur de caractère de nos hommes ; nous profitions ainsi de la comparaison.

Sans les gardes, les exercices et les corvées, la vie de Péronne aurait été trop belle : même avec ces palliatifs, elle restait fort agréable, mais elle ne pouvait satisfaire les officiers, qui souffraient de leur inaction et désiraient se joindre à l'une de nos armées en formation, pour prendre une part active à la guerre. Déjà plusieurs officiers du bataillon cherchaient à organiser une compagnie de francs-tireurs, destinée à l'armée de la Loire ; les volontaires étaient nombreux, et il ne fallait plus que l'autorisation supérieure pour partir, lorsque l'ordre de départ fut donné pour tout le monde le 15 novembre.

IV

Le 16 novembre, nous arrivions à Amiens ; la ville était pleine de soldats, et il fut impossible de nous loger chez l'habitant plus d'une journée. Le 17, le bataillon fut envoyé à deux kilomètres d'Amiens, dans un camp construit à la hâte au milieu d'un champ de betteraves ; les baraques en planche laissaient passer le vent et la pluie, les rues du camp étaient détrempées et formaient un affreux cloaque ; nous n'avions ni paille, ni eau, ni vivres ; nous eûmes un moment de découragement complet. Mais bientôt chacun se mit résolument à l'œuvre : il fallait tout d'abord songer à boire et à manger ; on organisa une commission d'alimentation, composée d'un capitaine, d'un lieutenant et d'un sergent. En qualité de lieutenant, j'étais préposé à l'eau et au feu ; ces deux éléments contraires me donnaient beaucoup de peine à rassembler. J'envoyais chercher l'eau à Amiens dans des tonneaux, et ce n'était pas petite affaire pour une consommation de 10,000 litres par jour. On prenait le bois un peu partout ; nous brûlions même de la tourbe, que nous trouvions sur les bords de la Somme.

Les hommes se procurèrent de la paille et se firent des lits très-confortables où l'on se couchait tout habillé ; ils bouchèrent les fentes des baraques avec de la terre glaise, creusèrent des fossés pour dessécher les rues, et bientôt notre camp eut l'aspect d'une petite ville très-animée et presque propre.

Depuis le 16, les deux bataillons de mobiles du Gard étaient réunis et composaient un régiment de 2,500 hommes, sous le nom de 44ᵐᵉ de marche, commandé par le colonel Saignemorte.

Nous allions le plus souvent possible à Amiens, et chaque officier en rapportait quelques nouvelles militaires qui donnaient de l'animation et de l'intérèt à nos longues causeries du soir. La formation de l'armée du Nord était la question à l'ordre du jour; M. Testelin venait d'être nommé commissaire du gouvernement de la Défense nationale pour les départements du Nord, et il organisait une armée. Nous apprenions, par les journaux, la nomination de Bourbaki au commandement de l'armée du Nord, avec le général Farre pour chef d'état-major général. Mais quels étaient les éléments de cette armée? Avait-elle de l'artillerie, de la cavalerie? Personne n'en savait rien. Il était certain cependant que nous étions compris dans son effectif, et que Paulze-d'Ivoy, notre général de brigade, en commandait une fraction importante.

Le 25 et le 26 novembre, la présence des Prussiens fut signalée par nos éclaireurs à Boves et à Fouencamps; quelques engagements sans importance eurent lieu à Villers-Bretonneux, à Gentelles, et nous apprîmes bien vite qu'une armée prussienne, sous les ordres du général Manteuffel, marchait sur Amiens. Elle arrivait un peu trop tôt; l'armée du Nord n'existait guère que sur le papier, et, malgré l'activité prodigieuse du général Farre, les troupes qu'il opposait à l'ennemi n'avaient pas encore assez de cohésion pour résister à un corps prussien tout entier; le 26, au soir, des régiments incomplets arrivèrent en chemin de fer de Douai, Lille, Valenciennes; ils se voyaient pour la première fois et combattaient ensemble le lendemain.

Le 27, à la pointe du jour, notre bataillon sortait du camp pour opérer une reconnaissance du côté de Dury. Nous savions que l'ennemi était dans le voisinage; cette promenade matinale était donc sérieuse , et nos hommes le comprenaient. Ils ne plaisantaient pas en marchant, suivant leur habitude; ils suivaient leur chef de file sans mot dire et paraissaient réfléchir. Tout-à-coup nous entendons à notre droite et derrière un petit bois le bruit du canon et de la fusillade, mais à quelques centaines de mètres seulement! Les plus courageux éprouvaient une émotion terrible. Il fallait cependant prendre une détermination. Devions-nous marcher en avant ou observer l'ennemi sans l'attaquer? Notre hésitation fut bientôt dissipée par l'arrivée d'un bataillon de chasseurs qui battait en retraite; ce bataillon avait rencontré une forte colonne prussienne se dirigeant sur Amiens, et avait échangé avec son avant-garde les coups de fusils que nous avions entendus. La reconnaissance était donc faite et il n'y avait plus qu'à se replier le plus promptement possible avec les chasseurs.

Les journées de novembre sont bien courtes, mais celle-ci paraissait déjà longue, et il était à peine neuf heures du matin! En revenant de la reconnaissance, notre bataillon fut placé dans une tranchée que le général Paulze-d'Ivoy avait fait creuser, au sud d'Amiens, pour protéger la ville. Une batterie française, garantie par un épaulement, était à notre gauche, à 300 mètres environ. Vers les onze heures, elle ouvrit le feu contre les batteries prussiennes établies sur les hauteurs de Dury; les marins qui servaient nos pièces étaient décimés; on voyait tomber les camarades qui les avaient remplacés et que remplaçaient ensuite des fantassins faisant office de servants; mais la batterie tirait toujours. Les chevaux, placés en arrière , recevaient des obus , et les gardiens avaient toutes les peines du monde à les retenir.

Rangé en bataille dans la tranchée, le régiment se tenait prêt à combattre ; il était complètement à l'abri des obus, qui passaient en sifflant au-dessus de nos têtes et parfois s'enfonçaient dans le remblai, ou rejetaient la terre sur nous. Quelques officiers, munis de lorgnettes, suivaient la bataille avec le plus grand intérêt. Dans la plaine , un bataillon de chasseurs et des mobiles attaquaient avec rage un cimetière, dans lequel les Prussiens s'étaient embusqués. Ils avançaient par bonds successifs et en bon ordre, sans cesser le feu, mais en perdant beaucoup de monde. Les Prussiens avaient pratiqué des meurtrières dans le mur d'enceinte et tiraient à coup sûr. Tout-à-coup les Français pénètrent dans le cimetière ; un combat terrible s'engage au milieu des croix et des tombes, et finalement les Prussiens prennent la fuite du côté de Dury. Le cimetière et les alentours étaient couverts de morts et de blessés.

Sur ces entrefaites , notre général arrive au galop et nous dit que la bataille est sur le point d'être gagnée, que notre régiment a pour mission de garder l'artillerie , de prévenir un mouvement tournant par la droite et de marcher en avant au premier signal. Puis il repart aussi vite qu'il était venu.

La ligne de bataille s'étendait de Dury à Villers-Bretonneux, en passant par Boves, Gentelles, Cachy ; nous étions près de Dury, c'est-à-dire à l'extrême droite, où l'action ne fut que faiblement engagée. Des officiers blessés , revenant de Boves et de Gentelles , nous apprenaient qu'entre ces deux villages, le combat était très-vif, que, sur ce point, l'avantage était pour nous, que, vers le centre, la brigade Lecointe repoussait l'ennemi en lui faisant subir des pertes énormes, mais que la longue ligne de Cachy à Villers-Bretonneux , défendue par la brigade du Bessol, commençait à fléchir.

A trois heures, nous étions toujours à la même place , attendant d'un moment à l'autre l'ordre de nous porter en avant. Je ne connais pas de situation plus pénible que cette inaction forcée au milieu d'un champ de bataille! Il vaut cent fois mieux prendre part à la lutte et se battre franchement qu'attendre ainsi toute la journée un ordre de marche, l'arme au pied.

Enfin, vers cinq heures , la nuit vint. Déjà, depuis une demi-heure , on la voyait tomber lentement , et à mesure que l'obscurité grandissait, la fusillade perdait son intensité. Bientôt on n'entendit plus que des coups de canons isolés et lancés au hasard ; comme un défi pour le lendemain. Mais ce lendemain était bien loin , et nous nous laissions aller délicieusement à cette joie intérieure et secrète que l'on éprouve après une bataille, lorsque la nuit vous protége et que l'on se sent encore la tête sur les épaules.

Les marins et les chasseurs, trop éloignés de leurs cantonnements pour les rejoindre, vinrent au camp ; les mobiles partagèrent leur soupe avec eux, et bientôt marins et mobiles , couchés côte à côte sur la paille , s'endormirent profondément.

Cependant une partie du bataillon veillait dans les tranchées. A minuit , notre compagnie prit la garde et s'établit sur une ligne d'un kilomètre environ. Les deux officiers allaient et venaient d'une extrémité à l'autre, tout en surveillant l'horizon du côté de l'ennemi. Dans le lointain s'élevait une immense clarté rougeâtre , projetée par l'incendie du village de Dury. Parfois des uhlans en reconnaissance passaient comme des ombres chinoises entre nous et cette clarté ; les sentinelles avancées leur décochaient quelques balles, puis tout retombait dans un silence de mort.

Cette nuit de garde est une de celles qui m'ont le plus impressionné. Par un temps parfaitement calme, nous entendions distinctement le pétillement de l'incendie, le bruit des roues d'une batterie que les Prussiens changeaient de place, leurs coups de sifflets ; d'un autre côté, on voyait les feux rouges et verts qui leur servent de signaux. On battait la générale dans Amiens, et ce roulement lugubre arrivait jusqu'à nous. Nous ne pensions ni au froid de la nuit, ni à la boue dans laquelle on s'enfonçait jusqu'aux genoux, ni à la fatigue !

Vers sept heures du matin, au moment où le jour commençait à paraître et où l'attaque était imminente, je reçus l'ordre de rallier la compagnie et de me replier le plus promptement possible. Au camp, nous trouvâmes le bataillon en armes, prêt à partir, et nous attendant avec impatience pour battre en retraite. Déjà toutes les troupes avaient évacué Amiens, et l'armée, divisée en quatre colonnes, se retirait depuis cinq heures du matin par différentes routes. Nous suivions la colonne commandée par le général Lecointe, qui se dirigeait sur Doullens et dont la tête était bien loin lorsque nous traversâmes Amiens. Notre passage rapide au milieu de la ville nous permit cependant de voir l'affreux désordre qui régnait dans les rangs de la garde nationale. Elle avait complètement perdu la tête à l'approche de l'ennemi. Des gardes nationaux déchargaient leurs armes et les brisaient ensuite contre les murs, d'autres noyaient leur poudre et leurs cartouches. Les francs-tireurs Amienois et toutes les milices locales dont nous admirions naguère les brillants costumes faisaient aussi triste figure ; c'était un tumulte indescriptible, un sauve-qui-peut général ! La citadelle tint bon cependant et fit honneur à la ville ; elle ne se rendit que le 30 novembre après la mort de son commandant.

Mais le temps nous manquait pour de longues observations. Il fallait marcher et presque courir afin d'échapper à la cavalerie prussienne qui devait inévitablement poursuivre la queue de la colonne. A onze heures, nous avions fait vingt kilomètres ; une attaque de l'ennemi n'était plus à craindre, et le bataillon s'arrêta quelques instants pour respirer. Les hommes étaient harassés de fatigue : la veille, ils avaient assisté à la bataille d'Amiens ; la plus grande partie de la nuit s'était passée aux avant-postes, et, depuis le matin, ils allaient au pas de course sur cette fastidieuse route de Doullens qui s'allongeait indéfiniment en ligne droite et toujours avec le même horizon et le même clocher au bout. Et Doullens était encore à vingt kilomètres ! Nous fîmes ces vingt kilomètres presque aussi rapidement que les premiers, et, à la nuit tombante, nous arrivions à Doullens. Mais nous étions les derniers ! Cette ville de 3,000 habitants était déjà envahie, dévalisée par les 15,000 troupiers qui nous précédaient. Il fallut renoncer à trouver des logements, et, sans perdre de temps, dresser nos tentes sous les remparts, dans une prairie charmante sans doute au mois de juin, mais singulièrement triste et peu confortable par une nuit de novembre.

Le 29 novembre, à 5 heures du matin, on bat la générale et nous partons en nous dirigeant sur Arras, par une route pavée, très-large et très-droite, plus monotone, s'il est possible, que celle de la veille. La plupart des mobiles avaient les pieds ensanglantés et souffraient beaucoup, mais à la guerre peu importe, il faut toujours marcher ; l'étape était de 37 kilomètres et encore en arrivant à Arras nous fit-on rebrousser chemin pour aller prendre notre cantonnement à 5 kilomètres, dans le village de Dainville. Pendant ces deux journées de marche forcée, nous n'avions pas laissé un homme en arrière. Quelle différence avec l'étape d'Uzès à Nimes !

Dans les cercles militaires d'Arras nous avons entendu porter des jugements bien différents et souvent contradictoires sur la bataille d'Amiens ; en somme, il résultait pour nous, de l'ensemble de ces appréciations, que, le 27

novembre, l'armée du Nord ne pouvait pas encore tenir
en rase campagne, que cependant elle avait vaillamment
combattu en faisant éprouver à l'ennemi des pertes con-
sidérables ; qu'Amiens, ville ouverte, restait au pouvoir
des Prussiens, mais que la ligne des places fortes derrière
laquelle nous venions nous abriter demeurait intacte et
infranchissable, du moins pour le moment.

V

Le 2 décembre, le bataillon fut envoyé de Dainville à
Lens qui a donné son nom à la grande victoire remportée
par Condé, en 1648. L'emplacement du champ de bataille
est, en effet, très-près de la ville ; nous l'avons visité et
on nous a montré un vieux chêne, soutenu par des étais,
tout bardé de fer, sous lequel, paraît-il, Condé se tenait pendant la bataille. Le souvenir de Condé et de ses grandes
victoires nous fit faire de tristes réflexions sur les derniers
événements et sur l'état actuel de notre armée qui n'avait
pas de général en chef depuis la démission de Bourbaki.
Et cependant un grand changement s'opérait alors dans
notre situation : le général Faidherbe venait d'être appelé
à remplacer le général Bourbaki au commandement de
l'armée du Nord. La nomination d'un général républi-
cain, ami de Gambetta, et qui comptait d'aussi brillants
services au Sénégal et en Algérie, nous parut devoir
changer la face des choses et donner aux travaux de
réorganisation une impulsion extraordinaire. Nos espérances ne furent pas déçues et l'influence du général en
chef se fit bientôt sentir. L'armée fut très-habilement
fractionnée en divisions et brigades, à la tête desquelles
on mit des généraux pleins de valeur et d'expérience ;
l'artillerie, si faible à la bataille d'Amiens, fut augmentée
au point de fournir près de quatre batteries par division ;
tous les services furent complètement réorganisés.

Pendant que cet immense travail s'accomplissait, le bataillon séjournait à Lens. Le 8 décembre, il procédait à l'élection des officiers. La plupart furent maintenus dans leur grade, mais cette confirmation, il faut bien le reconnaître, ne fit faire aucun progrès à la discipline et à l'instruction générale, tout au contraire. Ce mode de nomination ne peut, en effet, qu'amoindrir l'autorité de l'officier, et je ne crois pas que cette opinion trouve de nombreux contradicteurs parmi les militaires, même le plus sincèrement républicains.

Après une semaine environ de séjour à Lens, le bataillon vint prendre son cantonnement à Billy-Montigny, petit village situé à 2 ou 3 kilomètres de Lens. Depuis plusieurs jours, par un froid devenu très-vif, la neige couvrant la campagne, les rivières profondément gelées, les arbres chargés de givre, nous apprenaient, à nous pauvres méridionaux, les rigueurs d'un hiver du Nord, rigueurs qui rendaient l'exercice impossible ; on se bornait à faire deux appels par jour, en sorte que nous passions le temps auprès du feu à causer avec nos hôtes, qui nous traitaient admirablement. Billy-Montigny est un centre ouvrier très-important, dans un pays absolument plat ; de nos fenêtres, on découvrait une immense plaine presque sans arbres et, malgré la brume, on comptait jusqu'à vingt clochers à l'horizon. Ce paysage, malgré sa glaciale tristesse, n'était pas dépourvu de charme ; nous n'aurions pas voulu le quitter de longtemps, et c'est en frissonnant que nous pensions au jour où il faudrait franchir la ligne des clochers.

Le 11 décembre peut être compté parmi les plus mauvaises journées de la campagne. Nous quittons Billy-Montigny deux heures avant le jour ; on nous transporte en chemin de fer de Lens à Achiet-le-Grand, puis nous prenons, à pied, la route de Bapaume et nous traversons la ville sans nous arrêter ; à 8 heures du soir, nous passons sous les murs de Péronne dont les ponts-levis étaient hissés et ne voulaient pas s'abaisser pour nous. Nous continuons notre route jusqu'à neuf heures, et nous arrivons enfin à Mons-en-Chaussée; en tout, cinquante-deux kilomètres, sans compter le trajet en chemin de fer et par un froid de dix degrés.

Une marche en avant aussi rapide indiquait, de la part du général en chef, l'intention de prendre sérieusement l'offensive. Les opérations avaient, en effet, commencé dès le 8 décembre. La première division, dirigée sur Saint-Quentin, avait obligé les Prussiens à reculer jusqu'à Ham et la Ferre, et, le 10, le général Lecointe s'était emparé de Ham et du fort dans lequel Napoléon III avait été retenu prisonnier. Cette armée du Nord, que les Prussiens avaient cru anéantir le 27 novembre, s'avançait par différentes routes sur Amiens et les obligeait à concentrer des troupes, à rappeler le huitième corps de Normandie, à abandonner leurs projets d'invasion du Hâvre et de Rouen. Il s'agissait pour Faidherbe de faire une grande diversion et d'attirer sur lui toutes les troupes ennemies disséminées dans le Nord. Ce plan était sage, fort habile et devait réussir, mais il nous préparait de mauvais jours; nous allions avoir sur les bras une armée formidable.

Le 12 décembre, à midi, nous étions encore à Mons-en-Chaussée, et, suivant toutes probabilités, nous devions nous reposer jusqu'au soir; mais, à trois heures, un officier d'ordonnance arrive au galop et nous apporte l'ordre de partir immédiatement pour Ham. A notre arrivée, il était nuit depuis longtemps; la ville regorgeait de soldats, on nous fit rétrograder jusqu'à Sancourt. Tous les officiers furent logés dans le château de M. de Lacourt, qui nous fit tout d'abord l'effet d'un château des contes de Perrault. Nous arrivions de nuit et très-tard, avec la pluie, mouillés, fatigués, affamés; nous poussions une porte et nous nous trouvions tout-à-coup dans une grande salle, en vieux chêne, avec de vieilles armures et des portraits de famille, un grand feu dans une cheminée monumentale, des lampes allumées et une odeur de cuisine qui réjouissait l'âme. Là, M. et Mme de Lacour nous reçoivent le plus gracieusement du monde et mettent toute leur maison à notre disposition ; chacun a son lit, sa chambre ; puis nous passons dans une vaste salle à manger, bien chauffée, où un superbe dîner nous attendait! Que pouvait-on imaginer de plus féérique? Inutile de dire si le repas fut apprécié, les hôtes complimentés, les toasts portés! Nous ne pensions plus ni à la guerre, ni aux Prussiens, ni aux misères de la veille, ni à celles du lendemain.

Nous avons passé la journée du 13 à battre les environs de Ham, à faire des marches et contre-marches dans tous les sens, sans voir un seul Prussien et sans savoir au juste ce que nous faisions. Le soir, nous revenions à Mons-en-Chaussée très-fatigués et peu édifiés sur l'utilité de notre voyage. Un soldat ne doit pas chercher le pourquoi des choses, et nous n'aurions plus pensé à la course de Ham si, en arrivant, il avait été permis de dormir ; mais notre compagnie était de grand'garde dans une ferme isolée en avant du village ; le temps était affreux, et, pour comble de malheur, une sentinelle effrayée nous fit courir une partie de la nuit après des uhlans imaginaires.

Le 15 décembre, toute l'armée cantonnée aux environs de Ham, Mons-en-Chaussée et Péronne, fit un mouvement en avant ; nous traversions les villages de Brie, Saint-Christ, et nous couchions à Pressoir.

Le 16, notre bataillon passait à Chaulnes et s'arrêtait à Morcourt, près de Cerisy-Gailly. Le 17, il arrivait à Bussy-lès-Daours où nous devions séjourner toute une semaine.

Pendant ces quelques journées de marche, nous nous laissions aller aux plus folles espérances ; notre enthousiasme pour l'armée du Nord, et le général Faidherbe n'avait pas de bornes, et, pour donner une idée exacte de la situation d'esprit dans laquelle nous nous trouvions, je n'ai qu'à transcrire la lettre suivante écrite par un mobile, le 18 décembre 1870, de Bussy-lès-Daours :

« Mes chers parents,

» Aujourd'hui, dimanche, nous avons quelques heures de repos, et je puis vous écrire. Nous sommes cantonnés depuis deux jours dans un petit village, à dix kilomètres d'Amiens environ. C'est la première fois depuis longtemps que nous couchons dans le même lit ou, pour mieux dire, sur la même paille. Notre régiment fait partie de l'armée du Nord, commandée par le général Faidherbe ; nous formons le 44ᵐᵉ régiment de la 1ʳᵉ brigade de la 2ᵐᵉ division du 22ᵐᵉ corps d'armée ; nous sommes de vrais soldats ; nous avons à notre droite des marins, à notre gauche des lignards.

» L'armée marche en avant depuis quelques jours, nos officiers sont pleins de confiance, les Prussiens fuient à notre approche et nous mangeons souvent le dîner qui était préparé pour eux. C'est un plaisir de se sentir dans une armée solide, bien organisée, bien commandée ! Nous marchons sans nous plaindre, et nous sommes persuadés qu'à la première rencontre, le général Faidherbe remportera une grande victoire. Car Faidherbe est un général sérieux, instruit, prudent, que l'Empire avait écarté à cause de ses opinions républicaines et de son caractère indépendant, mais nous le croyons capable de grandes choses. Il est, d'ailleurs, d'une modestie extrême et sait se faire aimer du soldat. Il passe souvent au milieu de la colonne, monté sur un petit cheval arabe, enveloppé dans un grand burnous, mais sans escorte nombreuse et sans embarras. Il questionne les soldats avec une bienveillance touchante et s'intéresse aux moindres détails. Mais rien ne manque dans son armée, ni les vivres, ni les canons, ni les fourgons de toute espèce. Il nous arrive parfois de rester des heures entières dans un champ, au bord d'une route, pour laisser passer de longues files de batteries et de voitures! Il est vraiment merveilleux qu'en si peu de temps le général Faidherbe ait pu réunir de pareils éléments! Nous sommes au moins 40,000 hommes!

» J'apprends, à l'instant, que les Prussiens abandonnent Amiens ; nous allons sans doute occuper cette place et, de là, nous poursuivrons notre route sur Paris, pour donner la main aux armées de la Loire, de l'Est et au général Trochu.

» Je suis logé chez une vieille demoiselle avec trois capitaines de la ligne, échappés de Metz. Ces messieurs sont fort gais et nous racontent, sur le siége de Metz, des anecdotes fort intéressantes. Notre vieille demoiselle est épouvantée de tout le tapage qui se fait chez elle ; le diable, avec une escorte satanique de demi-diables, ne lui ferait pas plus d'effet.

» D'ailleurs je vais très-bien ; ne vous inquiétez pas. »

Le général en chef n'avait pas encore formé le projet de marcher sur Paris, et il est probable qu'il en appréciait les difficultés tout autrement que l'auteur de la lettre précédente ; il avait établi son armée dans une excellente position et se proposait d'attendre l'ennemi plutôt que de prendre l'offensive.

Le 22ᵐᵉ corps était cantonné dans les villages de Bussy, Daours, Pont-Noyelles, jusqu'à Contay ; tous ces villages sont situés dans la vallée de l'Hallue. Le général Lecointe commandait ce corps d'armée ; il avait sous ses ordres deux divisions et six batteries.

Le 23ᵐᵉ corps occupait Corbie et s'étendait jusqu'à l'embouchure de l'Hallue.

Le 19 décembre, toute l'armée fut mise en mouvement et rangée en ordre de bataille, chaque bataillon à la place qu'il devait occuper en cas d'attaque ; c'était une répétition générale. Les villages ne devaient être défendus que faiblement, tout l'effort devait se concentrer sur la défense des collines de la rive gauche de l'Hallue, qui s'étendent sans discontinuité de Contay à Daours. Faidherbe avait placé toutes ses troupes à mi-côte de ces collines et notre bataillon au-dessus de Bussy.

La rive droite de l'Hallue est également couronnée de collines ; pour nous attaquer, l'ennemi venant d'Amiens était donc obligé de franchir la crête des hauteurs de la rive droite, de s'emparer des villages et de traverser la rivière qui formait à certains endroits des marécages d'un accès difficile.

Le 20 décembre, à midi, notre déjeûner fut interrompu par le bruit d'une vive fusillade et bientôt par la marche du régiment. Demi-heure après, l'armée toute entière occupait la ligne de bataille tracée la veille et garnissait les hauteurs.

Nous étions à notre place ; nous avions à nos pieds la vallée de l'Hallue et les villages de Querrieux, Bussy, Pont-Noyelles entourés de grands arbres et de maréca-ges ; en face, les collines de la rive droite couvertes de bois, au milieu desquels les Prussiens s'avançaient vers nous ; dans le lointain on apercevait la flèche élancée de la cathédrale d'Amiens.

Les compagnies de grand'garde, postées en avant de Querrieux, soutinrent le premier choc (1). Deux bataillons promptement envoyés à leur secours aidèrent à repousser l'ennemi au-delà de Querrieux. Le combat fut très-vif, très-prompt et les pertes s'élevèrent de part et d'autre, à 150 tués ou blessés.

(1) La 2ᵐᵉ compagnie de notre bataillon (capitaine Chabanon , canton de La Grand'Combe), était du nombre. Elle soutint très-vigoureusement l'at-taque et poursuivit l'ennemi jusqu'aux portes d'Amiens. 20 hommes de cette compagnie furent tués ou blessés ; parmi les blessés , on comptait le lieutenant Georges La Salle, qui fut plus tard décoré.

Nous pensions que ce combat d'avant-postes était le prélude d'une attaque générale, mais il n'en fut rien ; la bataille devait être pour un autre jour. A la nuit tombante, le bataillon retournait au village, en traversant les marais et les bois, dont nous connaissions déjà les moindres sentiers.

Le 23, de très-bonne heure, le chef de la grand'garde en avant de Querrieux (1) signala plusieurs colonnes ennemies sortant d'Amiens et se dirigeant, par différentes routes, de notre côté. Aussitôt, la générale retentit dans toute la vallée et, à dix heures, l'armée était en ligne de bataille, présentant à l'ennemi un front de 10 kilomètres, entre Contay et Daours.

Les crêtes de la rive droite furent bien vite couvertes de batteries prussiennes et, à midi, un formidable combat d'artillerie s'engagea de part et d'autre.

Nous avions, à droite, une batterie de douze, servie par des marins qui firent de véritables prodiges ; devant nous, une batterie de quatre, dont les projectiles n'atteignaient pas l'ennemi et qui fut obligée de se retirer.

Nous étions aux premières loges pour bien voir et juger des coups, mais aussi pour les recevoir : Les obus tombaient sur nous dru comme la grêle et faisaient un fracas épouvantable, en éclatant sur la neige glacée ; les éclats lancés en éventail auraient détruit le bataillon, en peu de temps, si l'ordre n'avait été donné aux hommes de se coucher à plat ventre. Jamais ordre ne fut plus promptement exécuté, et encore plusieurs mobiles furent-ils grièvement blessés.

La plupart des officiers restèrent debout, mais ils

---

(1) La 1re compagnie de notre bataillon (canton de Genolhac), était de grand'garde. Le capitaine Beauquier, qui la commandait, défendit longtemps sa position et ne se replia sur le bataillon que vers midi en tiraillant toujours ; il perdit 17 hommes dans cette affaire.

saluaient respectueusement les obus au passage ; que ceux qui n'ont jamais salué en pareille circonstance leur jettent la pierre !

A deux heures, l'artillerie et l'infanterie étaient engagées sur toute la ligne; à trois, la lutte était extrêmement vive vers le centre, et notre brigade reçut l'ordre de marcher en colline. En avant les mobiles du Gard! Nous descendons la pente, au pas de course, au milieu des balles et des obus; nous nous arrêtons tous les 100 mètres derrière un abri pour faire feu et nous marchons toujours en avant, jusqu'au fond de la vallée. Cependant la nuit arrive, on ne voit plus distinctement l'ennemi, le combat cesse peu à peu, la journée est finie.

Lorsque la nuit vint nous surprendre le bataillon était au milieu des marais avec deux compagnies du 43me de ligne, séparées de leur bataillon à la fin de l'action. Que fallait-il faire? Devions-nous rentrer au village de Bussy ou revenir en arrière? Dans la bagarre de la dernière heure, cette pauvre petite vallée avait été prise et reprise vingt fois, si bien qu'on ne connaissait pas les positions de l'ennemi et qu'il eût été fort imprudent de se diriger de nuit, sans guide et sans instruction, au risque de faire prendre le bataillon comme dans un filet. On prit le parti de m'envoyer en reconnaissance, accompagné seulement d'un soldat sûr (1) et d'un clairon, avec mission de rapporter des ordres le plus tôt possible. La nuit était sombre et je me dirigeai à la lueur de l'incendie du village de Pont-Noyelles qui projetait sur le champ de bataille une lumière sinistre et le montrait dans toute son horreur. Déjà les morts étaient gelés et raides, les blessés, engourdis par ce froid de 14°, n'avaient pas la force d'appeler et mouraient; je rencontrai des brancardiers amis et ennemis, des dragons, des uhlans, des chevaux blessés qui se trainaient

(1) Emtat François.

encore et poussaient des gémissements lamentables. Mais, par ce froid terrible, chacun passait son chemin sans s'inquiéter de nous.

Après une heure de marche je rencontrai un bataillon de marins, et l'officier commandant me remit l'ordre du général en chef, qui était court mais clair : « Chaque bataillon bivouaquera pendant toute la nuit sur ses positions du matin. » C'est ainsi que Faidherbe voulait faire comprendre à ses jeunes troupes qu'à la guerre on constatait sa victoire en couchant sur le champ de bataille. Je retournai au pas de course vers le bataillon, mais il avait reçu des ordres après mon départ et s'était retiré à Corbie où je le rejoignis à minuit. Personne encore n'avait mangé ; le pain était gelé, les distributions de viande n'avaient pas pu se faire et il ne fallait pas songer à trouver des vivres dans la ville. On fit dégeler et griller le pain, et ce modeste repas tint lieu de dîner et de sommeil aussi ; car nous partions immédiatement pour occuper les positions de la veille et attendre le jour en battant la semelle sur place.

Le jour paraît lentement et très-tard en décembre, surtout lorsqu'on passe la nuit dehors à l'attendre, sans abri, sans feu et sans vivres ! Vers sept heures, les premières lueurs vinrent éclairer la vallée d'Hallue dont le souvenir restera longtemps gravé dans nos mémoires. Rien ne bougeait ; notre artillerie lança quelques obus sur les positions prussiennes, mais on ne répondit pas à leur défi. Ce silence était singulier ! Les Prussiens voulaient-ils, par leur inaction, nous attirer dans la vallée ? Avaient-ils commencé déjà un de leurs fameux mouvements tournants ? Nous nous perdions en conjectures. L'armée française a gardé ses positions jusqu'au soir ; vers quatre heures, après avoir laissé un rideau de troupes sur les cimes, le général en chef fit battre en retraite par les routes de Corbie et d'Albert. Notre bataillon suivit longtemps la route d'Albert, puis il s'engagea dans un chemin rural très-étroit, et, à neuf heures, il prenait enfin son cantonnement dans le petit village de Millencourt, situé à quelques kilomètres d'Albert.

A la même heure, nous avions l'habitude de fêter, chaque année, la veille de Noël dans nos familles ; la ménagère préparait ses meilleurs plats, ses meilleurs beignets, et les enfants venaient d'un bout de la France pour assister à ce repas de famille si gai et si poétique dans notre Midi. Nos pauvres mobiles, harassés de fatigue, évoquaient tristement le souvenir des années précédentes en mangeant quelques rares pommes de terre cuites sous la cendre, avec une mince tranche de pain !

Comment apprécier les conséquences de la bataille de Pont-Noyelles et expliquer la retraite du 24? Faidherbe nous le dit dans son ouvrage sur *la Campagne de l'armée du Nord* : « Nous avions tenu tête aux Prussiens à la
» bataille de Pont-Noyelles, nous avions sauvé le Hâvre,
» nous ne pouvions songer à faire plus pour le moment.
» Nos jeunes troupes étaient toujours un peu désorgani-
» sées après plusieurs jours de marche et de combat.
» L'ennemi, appuyé sur Amiens et sa citadelle, pouvait se
» faire envoyer de Normandie, de Paris surtout, autant
» de renforts qu'il croirait nécessaire pour nous écraser.
» Le général en chef crut convenable d'aller chercher des
• cantonnements plus sûrs sur la rive droite de la Scarpe,
» entre Arras et Douai, pour donner aux hommes quel-
» ques jours de repos bien gagnés et profiter de toutes les
» facilités que donnait cette situation pour les ravi-
» taillements de toute nature dont l'armée avait grand
« besoin. »

Le 25, nous couchions à Boiry. Le 27, après avoir traversé Arras, nous arrivions à Vimy, vers 7 heures du soir ; l'étape avait été rude et nous comptions bien nous reposer dans ce village, qui nous paraissait très hospitalier ; mais nous avions compté, sans notre nouveau colonel qui nous fit partir, deux heures après, pour Vitry et perdit son régiment, au milieu de chemins impraticables, si bien que nous avons passé la nuit toute entière à roder dans les champs et à chercher Vitry.

Du 28 décembre au 1ᵉʳ janvier, le bataillon a changé tous les jours de cantonnements : de Vitry à Fresnoy, de Fresnoy à Dainville, et cependant l'armée se reposait officiellement, depuis le 26, entre Arras et Douai, dans une excellente position, à l'abri de toute attaque ! Il faut croire que nos pérégrinations étaient une exception au milieu du repos général que Faidherbe avait ordonné.

VI

Le 2 janvier, l'armée se mit en marche et reprit l'offensive ; il s'agissait de dégager Péronne, dont l'investissement était complet et le bombardement imminent. Les forces ennemies étaient concentrées entre Bapaume et Bucquoy.

Vers trois heures de l'après-midi, après avoir traversé bien des villages, des terres labourées et des bois et par un froid extrême, nous arrivions, enfin, à quelques kilomètre d'Achiet-le-Grand, qui devait être le but de notre étape, lorsque nous entendons le canon, dans la direction du village. Aussitôt le bataillon prend le pas gymnastique, passe au milieu d'un bois magnifique et arrive sur un terrain découvert, où les balles et les obus nous arrivaient de première main. Le 20ᵐᵉ chasseur etait avec nous ; on commande, baïonnette au canon, et nous nous élançons sur le village qui était défendu par 2,000 Prussiens environ et 5 pièces de canon. A notre approche, les Prussiens abandonnent la position en toute hâte, mais en laissant sur le carreau bon nombre des leurs.

Pendant que la deuxième division livrait le combat

d'Achiet-le-Grand , la première attaquait le village de Behagnies, mais avec moins de succès.

Le soir , notre compagnie fut de grand'garde dans une ferme isolée, si près de l'ennemi que les sentinelles avancées des deux camps échangèrent des coups de fusil toute la nuit. Inutile de dire que personne ne dormit et que le chef de la grand'garde, craignant à chaque instant une suprise , vit paraître le jour avec plaisir.

Le 3 janvier, dès le matin, notre division commençait le feu en attaquant le village de Biefvillers, très-fortement occupé par les Prussiens. Faidherbe , accompagné d'une nombreuse escorte d'officiers d'ordonnance , marchait avec nous. A chaque instant , des officiers se détachaient du groupe et partaient au triple galop dans toutes les directions. Il était évident que la journée devait être chaude et que nous allions assister à une grande bataille. Bientôt, en effet , depuis Behagnies jusqu'à Tilloy , l'engagement fut général. A Biefvillers, le village fut énergiquement défendu par les Prussiens, et nos soldats firent des prodiges de valeur pour les déloger de cette position ; à Favreuil, Béhagnies, Avesnes, à Tilloy et Ligny , la lutte fut également opiniâtre et terrible. Les Prussiens défendirent chacun de ces villages jusqu'à la dernière extrémité ; mais nos troupes avaient un élan irrésistible à la bataille de Bapaume !... Après plusieurs retours offensifs, l'ennemi fut obligé d'abandonner toutes ses positions et même d'évacuer Bapaume.

Nous étions victorieux.

La bataille de Bapaume fait le plus grand honneur au général Faidherbe qui combattait contre un ennemi au moins égal en force et retranché dans une série de villages qu'il fallait pour ainsi dire prendre d'assaut.

Notre bataillon avait été préposé à la garde des munitions et des approvisionnements. Dans la matinée, il fut rangé en ligne en avant d'Achiet-le-Petit où étaient les ambulances et les munitions et pendant toute la journée, l'arme au pied, sans bouger de place, nous avons assisté à la bataille qui se livrait à quelques kilomètres en avant (1). Parfois le bruit du canon et de la fusillade se rapprochait et il nous semblait que nos troupes faiblissaient et perdaient du terrain, mais nos craintes étaient bientôt dissipées par le récit des blessés que l'on conduisait à l'ambulance d'Achiet et qui, tous, nous assuraient que les Prussiens avaient le dessous. Ces pauvres soldats blessés revenaient tristement du champ de bataille, les uns soutenus par deux camarades , les autres portés sur des cacolets ou des brancards. Le sang se gelait sur leurs plaies et cependant, malgré toutes ces souffrances, ils ne criaient pas, comme on peut se l'imaginer ; ils étaient, au contraire, tristes et mornes et presque anéantis.

On conduisait aussi les prisonniers dans Achiet et nous les arrêtions au passage. Un jeune Prussien, légèrement blessé à l'épaule et sachant parfaitement le français, a causé un bon moment avec nous : il disait qu'à Biefvillers son régiment avait beaucoup souffert, que la route de Biefvillers à Avesnes était couverte de leurs morts, que nos soldats combattaient avec rage, et il parlait avec des larmes dans les yeux, si bien que nous n'avions pas le courage de nous réjouir ; en nous quittant, il ajoutait : « Malheureuse guerre qui fait égorger des milliers d'hom- » mes pour le caprice de quelques uns ! Quand donc » les hommes seront-ils assez sages pour se gouverner » eux-mêmes et vivre en paix ? »

Après la bataille, on nous fit entrer dans le village que les habitants épouvantés avaient complètement abandonné au premier coup de canon. Que devenaient ces

---

La 2ᵐᵉ Compagnie (capitaine Chabanon) fut envoyée en avant ; entraînée par l'ardeur de son capitaine et du sous-lieutenant Callon , elle prit part à la bataille et s'y fit remarquer.

pauvres paysans pendant que nous enfoncions la porte de leurs chaumières pour nous installer chez eux ? Ils avaient dû se réfugier dans les bois, et, sans doute, ils maudissaient la guerre plus encore que le prisonnier prussien.

Après avoir battu les Prussiens à Bapaume, Faidherbe ralliait son armée autour de Boisleux et la laissait dans les cantonnements environnants jusqu'au 10 janvier. Elle n'était pas derrière les places fortes, et cependant les Prussiens ne vinrent pas l'inquiéter. Mais pourquoi, dira-t-on, Faidherbe ne profitait-il pas de sa victoire et ne marchait pas en avant? Et comment pouvait-il le faire avec une armée de 25,000 combattants, que les Prussiens, recevant des renforts de tous côtés, auraient infaillible-ment écrasée! L'armée du Nord, appuyée sur les places fortes d'Arras, de Douai, Cambrai, Valenciennes, pouvait faire de temps en temps. d'énergiques attaques comme celles de Pont-Noyelles, Bapaume et plus tard de Saint-Quentin, mais il lui était impossible de s'écarter de sa base d'opérations et de s'engager bien avant vers le Sud sans courir à une perte certaine. Ce qui fait la gloire de Faidherbe, c'est précisément d'avoir compris qu'avec sa petite armée il pouvait frapper quelques grands coups, mais à condition de se replier promptement comme font les sorties d'une ville assiégée. Avec cette tactique pru-dente et habile, digne d'un Fabius, Faidherbe retenait toujours devant lui une armée prussienne de 40 ou 50,000 hommes et diminuait d'autant les forces employées à Paris et sur la Loire. Il empêchait l'invasion de la Normandie et des riches départements du Nord, et si Paris et Metz avaient pu tenir plus longtemps, certaine-ment l'armée du Nord aurait joué un grand rôle au moment d'une action générale engagée dans de bonnes conditions.

VII

J'ai comparé les attaques de Faidherbe aux sorties d'une ville assiégée, et la comparaison est d'autant plus juste que nous étions, en effet, bloqués dans les trois départements de la Somme, du Pas-de-Calais et du Nord. Du côté de Paris, les Prussiens formaient une barrière qui nous séparait du reste de la France; au Nord, nous étions cernés par la Belgique et la mer. Il résultait de ce blocus que toute communication directe avec le Midi était interceptée. Les rares lettres qui nous parvinrent en décembre firent le voyage par mer de Bordeaux à Dunkerque. Les réponses prenaient le même chemin et mettaient quinze ou vingt jours pour arriver à destination, si bien que nos parents apprenaient par le télégraphe que l'armée du Nord avait combattu à Pont-Noyelles, à Bapaume et qu'ils attendaient presque un mois avant d'avoir des détails et des renseignements précis sur chacun de nous; on comprend aisément dans quelle inquiétude mortelle on devait être à Uzès et à Bagnols!

Si quelques lettres arrivaient encore par Dunkerque, l'argent n'arrivait plus ; les mobiles étaient donc obligés de vivre sur leur fond. Les menus plaisirs seuls eurent beaucoup à souffrir de cette disette forcée ; la vie matérielle était assurée par l'intendance. Depuis notre arrivée au camp d'Amiens, nous avions les vivres de campagne, et, il faut rendre cette justice à l'intendance de l'armée du Nord, que, pendant toute la guerre, chaque régiment a très-exactement touché la quantité de viande, de pain, de riz, de sucre et de café qui lui revenait. Si parfois les mobiles ont souffert de la faim, cela tenait à une circonstance extraordinaire ; un jour de combat les vivres ne pouvaient pas arriver sur le champ de bataille, ou bien les vivres étaient dans le sac, mais la gelée les y avait atteints, et toute la journée il fallait se passer de pain et de viande.

D'ailleurs, dans les cantonnements, les mobiles trouvaient presque toujours une hospitalité assez large ; les paysans mettaient des pommes de terre et des choux dans la soupe des soldats et ils s'asseyaient tous ensemble autour de la même table. Dans le Pas-de-Calais, cependant, le paysan bonapartiste recevait assez mal les soldats de la République ; même quant on offrait de payer, il n'avait jamais ni pommes de terre, ni lard, ni beurre, et si on *l'aidait* un peu à chercher dans sa cave et dans ses armoires, on y trouvait toutes sortes de provisions.

— Comment, disais-je à l'un d'eux ! vous avez deux sacs de pommes de terre, un jambon, du pain frais plein votre armoire, nous venons défendre votre pays, nous n'avons rien à manger ce soir, nous vous offrons de payer et vous osez nous affirmer que vous n'avez rien ?

Je vous donne en mille sa réponse :

« — Et si che Prussien venions, n'aurions rien à lui » donner, da !

Certainement le patriotisme de ces villageois flamands n'était pas à la hauteur des circonstances, mais il faut dire aussi qu'on bouleversait singulièrement leurs habitudes ; toute une brigade arrivait dans un petit village et envahissait les maisons ; charbonnier n'était plus maître chez lui ; je vois encore la physionomie d'une ménagère demandant au fourrier qui se présentait chez elle :

— Combien que vous êtes !

— Cent soixante dix-huit.

Elle levait les bras au ciel et se croyait perdue.

Le cantonnement entraîne forcément l'encombrement des villages, à cause de la nécessité pour le général en chef de concentrer son armée dans un rayon aussi petit que possible ; mais cette manière de loger les troupes est tellement avantageuse à tous les points de vue, qu'elle est aujourd'hui généralement adoptée, malgré l'opposition que les paysans ont pu lui faire. Lorsqu'un homme couche à l'abri de l'humidité et du froid de la nuit, on peut lui demander beaucoup, du matin au soir, mais s'il passe plusieurs nuits sous la tente, il est bientôt affaibli et souvent malade. L'expérience de la guerre et des dernières grandes manœuvres a démontré l'incontestable supériorité du cantonnement sur le campement en plein air et la tente a vécu ; elle est aujourd'hui définitivement supprimée dans les régiments. Les troupes seront toujours cantonnées dans les villages ; en présence de l'ennemi on bivouaquera ; on évitera ainsi les continuelles surprises de l'ennemi, qui, sur le Rhin, nous attaquait toujours au moment où les soldats dressaient leurs tentes ou faisaient la soupe.

Faidherbe avait adopté dès le début le système des cantonnements, et l'application en était d'autant plus facile pour lui qu'il opérait sur des départements très-peuplés. Tous les soirs, l'armée entrait dans les villages et ne campait jamais ; nous arrivions parfois cinq mille dans un bourg de cent feux, mais tout le monde était à l'abri ; on utilisait les granges, les greniers, les usines ; dans une pièce de dimension ordinaire, quinze hommes trouvaient à se loger, avec dix centimètres de paille par terre. On pouvait rêver une organisation plus confortable, mais nous avons constaté que, malgré le froid, les privations et les fatigues, l'état sanitaire de l'armée était toujours excellent. Au règlement actuel sur les cantonnements en campagne, Faidherbe avait ajouté l'obligation pour les officiers de compagnie de loger au milieu de leurs hommes. Le capitaine avait ainsi tout son monde sous la main, il se ralliait plus vite au bataillon et maintenait l'ordre dans les cantonnements.

La vie de cantonnement avait bien son charme pour

nos mobiles qui étaient tous du même pays dans chaque compagnie; ainsi le canton de Bagnols avait formé notre compagnie, et tous les soirs on voyait les hommes de Sabran, de Codolet, de Chusclan composer une table ou un coin de table à part; on y parlait constamment patois au grand ébahissement du paysan flamand qui ne comprenait rien à ce langage et appelait nos hommes des *Couquins de Dious*, à cause de l'abus qu'ils faisaient de cette vilaine locution. Et ces repas de famille étaient très-gais; après avoir bien bu et bien mangé chacun racontait sa petite histoire du pays, puis on chantait en chœur et l'on riait souvent jusqu'au milieu de la nuit.

On ne se rend pas compte en temps de paix de l'importance extraordinaire qui s'attache en campagne à la question de victuaille. Le déjeûner et le dîner étaient la préoccupation constante de nos mobiles; en route, dans les cantonnements et jusque sur le champ de bataille, leur idée fixe consistait à se *déployer en tirailleurs* pour fouiller les granges et les villages et en rapporter quelques provisions. C'était à qui garnirait le mieux la table du soir, et généralement le bœuf et le riz traditionnels ne se présentaient pas seuls. Mais le vin manquait! Pendant longtemps nos hommes firent mauvaise mine à l'excellente bière flamande; le phylloxéra ne les avait pas encore habitués à l'eau claire; peu à peu cependant les chopes et les canettes firent leur apparition sur la table, on commença par les vider en maugréant et on finit par ne plus pouvoir s'en passer.

Les jours de grand'garde la compagnie perdait sa gaieté. En arrivant de l'étape, il fallait s'installer immédiatement dans une ferme séparée du village et monter la garde pendant toute la nuit au milieu des champs. Parfois des mobiles à imagination vive donnaient une fausse alerte et mettaient toute la Compagnie en émoi. On envoyait des patrouilles dans tous les sens, on fouillait les bois, les chemins creux et enfin, comme à Mons-en-Chaussée, par exemple, on découvrait que la sentinelle effrayée avait pris des épouvantails à corneille pour des uhlans.

Les hommes supportaient toutes ces fatigues sans trop se plaindre et faisaient très-exactement leur service. D'ailleurs, il aurait été difficile de faire autrement, car depuis notre incorporation dans l'armée du Nord, il fallait marcher droit et sans broncher, si l'on ne voulait pas avoir affaire à la cour martiale. Et la cour martiale n'était pas un mythe, elle fonctionnait continuellement. Faidherbe en avait institué une par brigade, composée de cinq officiers, dont un commandant président, deux capitaines et deux lieutenants assesseurs. Je faisais partie de la cour martiale de notre brigade, et je déclare que jamais service ne m'a été plus pénible. La cour martiale juge toutes les infractions à la discipline, depuis le vol d'une poule jusqu'à la désertion sur le champ de bataille, et lorsque la faute est reconnue, elle ne peut appliquer qu'une peine : la peine de mort. Elle est souveraine, ses décisions sont sans appel et exécutoires dans les vingt-quatre heures. Il n'est pas agréable d'être juge dans de pareilles conditions

Nous avons toujours usé très-modérément et presque avec faiblesse de l'instrument redoutable que la loi militaire plaçait entre nos mains, mais quelquefois il a fallu sévir contre de vrais espions et des déserteurs. Dans une séance tenue à Albert, le 15 janvier 1871, notre cour martiale a condamné à mort un mobile de notre bataillon, le nommé Roubeau de Saze, marié, père de deux enfants ! Le 2 janvier, au combat d'Achiet-le-Grand, il avait honteusement fui, au milieu de l'action et sous les yeux de tous ses camarades. L'exécution eut lieu le lendemain matin, et, suivant les règlements, en présence du bataillon. On comprend quelle impression produisit ce spectacle sur le moral des mobiles !

L'influence de la cour martiale se faisait d'autant plus sentir que notre colonel en parlait sans cesse et à propos de tout. A Bucquoy, j'eus toutes les peines du monde à tirer de ses griffes un de mes hommes, le nommé Bastide, qui s'était blessé très-involontairement à la main droite et que le colonel voulait absolument faire passer en cour martiale pour mutilation volontaire. Cette affaire prit les proportions d'un drame, et il serait trop long de la raconter ici.

VIII

Le 10 janvier, le bataillon quittait son cantonnement de Boiry et venait coucher à Adinfer. Le 12 et le 13, il était à Bucquoy, le 14 et le 15, à Albert.

La journée du 16 comptera parmi les plus mauvaises de la campagne : nous partions à 6 heures du matin d'Albert avec une pluie fine et froide qui se gelait immédiatement sur les vêtements ; un vent du Midi des plus violents nous jetait cette pluie contre la figure et nous empêchait d'avancer. La route était couverte de verglas : les hommes glissaient à chaque pas ; l'artillerie et les fourgons allaient avec une lenteur désespérante, si bien que nous étions obligés de nous garer des heures entières dans les champs, au bord de la route, pour les laisser passer librement. Nous arrivâmes très-tard à Combles et dans un état d'exténuation complet ; nous n'avions rien mangé de toute la journée, nos vêtements étaient gelés et raides comme des planches, et pour nous réchauffer on nous avait donné comme gîte une grange ouverte à tous les vents.

Le 17, nous traversions Raucourt, Moislains et arrivions à Berne à 7 heures du soir.

Depuis le 10, l'armée marchait toujours vers le Sud-Est ; à Berne, nous étions sur la frontière du département de l'Aisne, déjà bien loin des places fortes et du théâtre ordinaire des opérations de l'armée du Nord. Nous laissions Péronne derrière nous et cependant cette place était au pouvoir des Prussiens depuis le 9 janvier. Evidemment notre général changeait de tactique, mais pourquoi? Faidherbe nous le dit dans son ouvrage. Il avait reçu de Bordeaux l'avis que la garnison de Paris et les armées de province allaient faire un suprême effort; de son côté, il avait donc résolu d'agir avec vigueur et hardiesse pour attirer sur lui le plus de troupes ennemies possible au risque de se faire écraser.

Le 18, à dix heures du matin, nous étions au milieu d'un champ, entre Berne et Caulaincourt, très-occupés à faire une distribution de vivres, lorsque tout-à-coup le canon se fait entendre; on nous fait prendre les armes et nous marchons dans la direction du bruit. A une petite distance de Caulaincourt, nous rencontrons une longue file de charrettes et de paysans qui abandonnaient leur village. Nous étions trop impressionnés et trop pressés pour nous arrêter longtemps à contempler ce spectacle désolant, mais il en valait la peine, et je n'ai jamais vu depuis un seul tableau représentant des scènes analogues qui puisse donner une idée de cette réalité. On voyait que les charrettes avaient été chargées à la hâte et par des gens épouvantés; tout était pêle-mêle : les objets précieux à côté des plus vulgaires, et au milieu de ce chaos de choses on apercevait des figures d'enfants ouvrant de grands yeux pleins de larmes.

Mais nous passons au pas de course et nous arrivons dans Caulaincourt que les Prussiens bombardaient. On place notre bataillon en avant du village et le reste du régiment est envoyé dans une autre direction.

A midi, le bataillon est déployé en tirailleurs entre Caulaincourt et Vermand, avec un bataillon de marins, et jusqu'à quatre heures nous faisons le coup de feu ensemble contre des Prussiens embusqués dans les bois. Mais alors une batterie ennemie nous prend en enfilade et nous oblige à nous replier sur un plateau, protégé par un rideau d'arbres et de broussailles, d'où les mobiles et les marins pouvaient encore tirer sûrement. Une batterie française, placée derrière nous, sur le plateau, soutenait notre feu et nous avons ainsi gardé cette position jusqu'à la nuit close.

Le combat avait cessé depuis longtemps lorsque notre commandant reçut l'ordre d'aller à Vermand pour rejoindre le régiment. Nous fimes un grand détour afin d'éviter l'ennemi, et nous arrivions à Vermand vers sept heures. Le régiment et la division même n'y étaient pas ; le village était occupé par la 1ʳᵉ division du 22ᵉ corps. Evidemment l'officier d'ordonnance qui nous avait apporté l'ordre s'était trompé. Notre commandant se mit à la disposition du général Derroja qui lui dit de rester avec sa division et de le suivre à Saint-Quentin, où nous arrivâmes, en effet, à neuf heures du soir. Nous étions ainsi séparés de notre régiment, depuis le matin, et nous devions l'être le lendemain et les jours suivants ; un bataillon du 43ᵉ de ligne (commandant Pericr), faisant partie de notre brigade, était dans les mêmes conditions et fit route avec nous.

L'attaque des Prussiens à Vermand et à Caulaincourt avait pour but de couper notre armée et d'empêcher sa concentration autour de Saint-Quentin. Cette manœuvre était fort habile et aurait bien pu réussir, heureusement elle échoua, et le 18, au soir, Faidherbe occupait toutes les positions qu'il avait désignées la veille à ses généraux.

Le 19, de très-bonne heure, notre bataillon et celui du 43ᵉ de ligne furent placés sur une colline qui domine Saint-Quentin ; ils tournaient le dos à la ville et regardaient le Sud. Nous avions à nos pieds une petite vallée et en face, à trois kilomètres environ, des hauteurs der-

rière lesquelles se trouvait le village d'Urvillers. La route
de la Fère était à gauche : elle descendait très-rapidement
la colline, traversait au fond de la vallée un petit ruisseau
marécageux sur un pont et remontait en pente douce la
colline d'en face. A droite, nous avions la route de Paris
qui se déployait à peu près dans les mêmes conditions et
se perdait au loin dans les bois. Depuis la veille il dégelait,
en sorte que les champs étaient complètement détrempés,
et qu'en marchant on s'enfonçait dans la boue jusqu'au
genou.

A sept heures toute l'armée occupait ses positions ; elle
formait un arc de cercle qui partait de la route de Cambrai
et allait jusqu'à celle de Paris. Le front du 23ᵉ corps
s'étendait de Fayet à Rocours ; celui du 22ᵉ de Rocours à
Gauchis, Grugis et la route de Paris. Il était probable que
l'ennemi arriverait sur le 23ᵉ corps par les routes de Ham
et Péronne, et sur le 22ᵉ par celles de Paris et la Fère.

L'attaque a commencé du côté de Gauchis vers huit
heures. De notre observatoire nous avons aperçu la
fumée des premières salves ; puis le feu a bien vite gagné
du terrain, et de proche en proche, comme une traînée de
poudre, il est arrivé jusqu'à la route de Paris.

C'est à ce moment que la 1ʳᵉ brigade de la 1ʳᵉ division,
dont nous faisions partie, a été envoyée en toute hâte à
l'extrême gauche de la ligne de bataille afin d'étendre
notre front jusqu'à la route de la Fère. L'ennemi arrivait
par cette route et cherchait à tourner l'armée.

Il était neuf heures ; le bataillon formé en ligne descend
la colline aussi vite que possible, mais il avance bien lentement au milieu de cette boue dans laquelle plusieurs
hommes laissent leurs souliers. Nous arrivons cependant
à grand peine au fond de la vallée, à l'endroit où la route
de la Fère traverse le ruisseau ; là, nous nous enfonçons
de plus belle en sautant le ruisseau, et au moment où
nous sommes le plus embourbés nous recevons une grêle

de balles que les Prussiens nous envoient du haut de la colline d'Urvillers. Plusieurs mobiles tombent morts ou blessés, le désordre augmente, la situation est des plus critique, encore une minute d'hésitation, et nous sommes perdus. Heureusement chaque capitaine enlève aussitôt sa compagnie, l'entraîne en avant et nous montons la colline au pas de course, sous le feu de l'ennemi qui abandonne ses positions à notre approche. Le bataillon venait de se tirer d'un mauvais pas avec honneur, mais il laissait derrière lui une traînée de morts et de blessés, parmi lesquels nous comptions notre brave sergent Clauzier, qui avait été tué raide mort à côté de son lieutenant.

Les Prussiens nous avaient laissé prendre une position magnifique. Le bataillon était à cheval sur la route de la Fère, au sommet de la colline, et derrière un épaulement naturel qui permettait aux hommes de tirer à de grandes distances et presque sans danger pour eux.

Nous ne fûmes pas longtemps à apprécier l'immense avantage de notre nouvelle position. Une colonne ennemie, beaucoup plus forte que la première, arrivait sur nous et ouvrait un feu terrible qui frappait inutilement la terre de l'épaulement, tandis que nos mobiles montrant à peine la tête tiraient sur un ennemi découvert. Bientôt les Prussiens battirent en retraite et se réfugièrent dans le bois d'Urvillers d'où ils sortaient de temps en temps pour reprendre l'offensive, mais ils n'osèrent jamais attaquer de vive force la position derrière laquelle nous étions retranchés.

Vers trois heures et demie, on voyait à notre droite, du côté de Gauchis, des troupes françaises qui battaient en retraite sur Saint-Quentin dans un affreux désordre ; les bataillons voisins du nôtre commençaient aussi à se débander ; nous étions très-inquiets, lorsqu'un général arrive et nous dit : « Tenez bon, mes enfants ! gardez-

» bien cette position importante ; l'ennemi est repoussé ;
» les bataillons que vous voyez fuir là-bas sont composés
» de mobilisés, mais la ligne et la mobile avancent tou-
» jours. »

Certainement il fallait garder notre position à tout prix
afin de barrer la route de la Fère et de protéger ainsi la
retraite de l'armée ; aussi je pardonne à ce général de
nous avoir trompés, mais il savait bien que Faidherbe
venait de donner l'ordre de battre en retraite sur Saint-
Quentin et de se retirer par les routes de Cambrai et du
Cateau !

Cependant, à 4 heures, nous étions toujours à la même
place ; les Prussiens venaient encore de faire une ten-
tative et nous avions brûlé sur eux nos dernières cartouches ! Que fallait-il faire ? Quelques uns parlaient de se
rendre ; cet avis ne prévalut pas, et nous décidâmes de
battre en retraite sur Saint-Quentin. Mais quelle affreuse
retraite et quels souvenirs pénibles elle nous a laissés ! Je
vois encore nos mobiles en désordre, couverts de boue et
noircis par la poudre, jetant leurs fusils et leurs sacs pour
mieux courir ! Les officiers faisaient tous leurs efforts pour
les rallier, mais un bataillon en déroute n'écoute que la
peur. Ceux qui voulurent sincèrement échapper à la
cavalerie Prussienne prirent la route de la Fère, car il était
impossible d'avancer au milieu des champs détrempés.
Mais aussi, comme elle était enfilée par les balles et les
obus, cette route ! Dès que les Prussiens s'étaient aperçus
de notre fuite, ils avaient fait avancer deux pièces, à la
hauteur de la position que nous avions abandonnée, et
delà ils accompagnaient notre retraite avec de la mitraille
et des obus.

Nous étions trop fatigués et trop découragés pour
prendre garde au danger ; les balles et les obus tombaient
autour de nous, à chaque instant des mobiles étaient
frappés mortellement, et cependant nous marchions tran-

quillement sans songer que nous n'avions peut-être pas une minute à vivre.

Enfin, nous arrivons à Saint-Quentin ! On cherchait à organiser la défense de la ville ; des gardes nationaux dépavaient les rues et entassaient des pavés sur des charrettes renversées pour former des barricades. On garnissait les fenêtres de balles de cotons et de matelas ; c'était un tumulte inconcevable, une cohue au milieu de laquelle des officiers, à cheval, criaient sans se faire entendre et cherchaient vainement à mettre de l'ordre. Les rues étaient pleines de fuyards et d'habitants qui donnaient à boire aux soldats ; il était impossible de passer, mais tout-à-coup des obus tombent sur la foule qui pousse des cris de terreur, se dissipe en partie et nous laisse traverser la ville.

La nuit tombait quand le bataillon sortit par la route de Cambrai. J'ai dit, le bataillon, mais cette expression n'est pas juste ; par le fait il n'y avait plus de bataillon. Des compagnies entières manquaient ; j'avais encore avec moi tout au plus trente hommes, les autres étaient prisonniers, morts, blessés ou disparus. Avec nous marchaient des dragons démontés, des marins, des lignards sans soulier ; et cet assemblage n'avait rien de choquant ; nous portions tous le même uniforme ; nous étions couverts de boue de la tête aux pieds. Nous suivions machinalement le commandant Perier du 43e de ligne et les débris de son bataillon. Ce brave commandant avait une énergie extraordinaire : « Allons, jeunes gens, disait- » il, du courage ! Il faut encore marcher toute la nuit » pour échapper à ces brigands ; demain vous vous repo- » serez à Valenciennes. » L'idée de marcher toute la nuit ne nous donnait pas du courage et cependant nous marchions toujours. Au lieu de suivre la grande, route nous prîmes le chemin de hallage du canal de Cambrai jusqu'à Lesdin, afin de dépister la cavalerie prussienne. Nous dormions à moitié en marchant sur le bord de ce canal ; quelques-uns mangeaient uu morceau de biscuit oublié dans le sac, mais la plupart serraient leur ceinturon et attendaient patiemment une occasion.

A deux heures du matin, nous étions à Bohain, et le soir à Valenciennes ; de Saint-Quentin à Valenciennes il y a environ 60 kilomètres.

IX

Après la bataille de Saint-Quentin, les rapports officiels cherchèrent vainement à cacher notre défaite. L'armée du Nord était désorganisée et de longtemps nous ne pouvions plus songer à reprendre l'offensive. Notre colonel était à Cambrai avec quelques compagnies incomplètes ; une autre partie du régiment était à Douai, une troisième à Valenciennes, et il était impossible de concentrer ces fractions, parce que les Prussiens occupaient les routes qui relient ces trois places fortes entre elles. La situation de notre régiment était celle de bien d'autres.

Enfin, le 28 janvier, le régiment se réunissait à Cambrai ; mais les vides étaient nombreux. Notre bataillon avait particulièrement souffert à la bataille de Saint-Quentin ; il lui manquait 250 hommes qui furent remplacés par des mobiles du Pas-de-Calais.

Notre compagnie comptait trente tués ou blessés. En arrivant à Cambrai, nous apprîmes d'une manière positive la mort de notre fourrier Robert Victorin, de Bagnols, dont la conduite avait été si remarquable pendant la bataille. On disait aussi que le sergent Nogier était mortellement blessé ; tel autre avait disparu et personne ne savait s'il était mort, blessé ou prisonnier. Et les absents étaient pour nous des amis d'enfance ou tout au moins des camarades du même pays ! Aussi étions-nous profondément découragés, d'autant plus que les journaux donnaient alors sur les opérations militaires en général des renseignements peu satisfaisants. Le général Chanzy venait d'évacuer le Mans et reculait toujours. La résistance de Paris était admirable, mais son armée échouait dans toutes ses tentatives de sortie. Les nouvelles de l'armée de l'Est étaient mauvaises et nous savions ce qu'il fallait penser de l'armée du Nord. Toute résistance nous paraissait donc désormais impossible, et ce sentiment d'impuissance, joint aux malheurs de notre compagnie, nous jetait dans une grande tristesse. Dans ces circonstances, c'est avec assez d'indifférence et plutôt avec joie que nous apprîmes, le 29 janvier 1871, la nouvelle de l'armistice.

À partir de l'armistice, l'histoire du bataillon devient aussi difficile à écrire que celle d'un peuple heureux. Les faits saillants et intéressants font absolument défaut. Les mobiles étaient particulièrement occupés à profiter de l'excellent accueil des populations au milieu desquelles nous vivions et n'avaient qu'une idée fixe : retourner chez eux le plus tôt possible.

Du 28 janvier au 3 février, notre bataillon fut logé à Proville; du 4 au 18, à Cantaing. Les habitants de Cantaing reçurent nos hommes à bras ouverts et leur donnèrent pendant ces quelques jours une hospitalité qui leur fit bien vite oublier les souffrances et les privations de la guerre.

Le 19 février, nous partions en chemin de fer de Cambrai pour Dunkerque. Le 20, notre régiment s'embarquait à bord de la frégate cuirassée : *la Surveillante* et arrivait le 21 à Cherbourg. Le 22e corps d'armée tout entier était ainsi transporté sur la flotte ; le ministre de la guerre voulait, paraît-il, nous envoyer à Bordeaux pour servir de garde à l'Assemblée nationale.

De Cherbourg notre bataillon fut envoyé à Tréauville, petit village situé à l'extrémité ouest de la Manche, sur le cap de la Hague, en face des îles anglaises. Notre compagnie était logée à Dialette, au bord de la mer, dans une situation des plus pittoresques. Nous avions devant nous l'île d'Aurigny, à droite les immenses falaises du cap de la Hague, et à gauche de vertes collines qui s'abaissaient en pente douce jusqu'à la mer.

Le 28 février, nous quittions Dialette. Le bataillon traversait en chemin de fer ou à pied une des plus belles parties de la Normandie et arrivait à Balleroy, dans le Calvados, à dix kilomètres de Bayeux.

Balleroy est bien le plus joli village normand que l'on puisse imaginer ; il est bâti sur la lisière de la grande forêt de Cerisy, dans un pays splendide couvert de pommiers et de prairies ; le village se compose d'une seule avenue très-large et très-belle qui conduit au château du marquis de Balleroy. Plusieurs officiers du bataillon étaient logés dans ce superbe château dont le parc se confond avec la forêt.

Le maire de Balleroy, M. Aubertain, s'occupait sans cesse à augmenter le bien-être des soldats et des officiers. Il leur procurait même toutes les distractions qu'il pouvait imaginer : des concerts, des promenades en voiture dans la forêt, etc.

L'ordre de départ pour Nimes pouvait seul nous consoler de quitter Balleroy, et cet ordre nous fut donné le 16 mars. Le 17, on désarma le régiment à Bayeux, et les hommes du Pas-de-Calais furent envoyés à Saint-Lot, sous le commandement d'un lieutenant.

Le 5 avril, le bataillon arrivait à Nimes, après sept mois d'absence.

X

Le récit que je viens de faire est à peu de chose près l'histoire de tous les bataillons de mobiles pendant la guerre; quelques-uns se sont particulièrement distingués, soit par leur belle conduite, soit, au contraire, par une faiblesse regrettable et un goût trop prononcé pour les *retraites précipitées*. Mais il faut bien reconnaître que les exceptions de ce genre, les dernières surtout, sont assez rares, et que la mobile en général s'est comportée partout d'une manière uniforme. Et cela n'a rien d'étonnant : les hommes qui composaient la mobile se recrutaient dans le même milieu, particulièrement dans les classes aisées ; les officiers avaient été nommés dans tous les départements de la même façon et au même moment ; l'organisation des bataillons datait de la même époque. Cette uniformité de la mobile nous permettra de porter sur elle un jugement d'ensemble; à mon sens, il ne faut ni l'exalter outre mesure ni trop la décrier. La mobile n'était pas une troupe de premier ordre ; seule, en face de l'ennemi, en rase campagne, elle était peu solide ; mais soutenue par d'autres .roupes elle allait au feu sans sourciller et faisait son devoir. Pouvait-on lui demander davantage? Malheureusement les vieilles troupes manquaient pour la soutenir ; souvent la déroute partait d'un régiment de ligne et l'on accusait la mobile qui n'avait fait que suivre le mouvement.

Au fond, les mobiles avaient beaucoup plus le sentiment du devoir et du patriotisme que les soldats ordinaires de notre armée ; cela tenait au mode de recrutement, et si avec ces qualités sérieuses ils n'ont pas toujours donné ce que l'on attendait d'eux, on ne doit pas leur jeter la pierre avant d'avoir examiné dans quelles conditions ils se trouvaient et au milieu de quelles circonstances la mobile s'était formée.

Notons tout d'abord que la mobile s'était réunie pour la première fois en août 1870, au plus fort de la guerre, et que la plupart des hommes ignoraient même l'existence de la loi en vertu de laquelle on les convoquait! Or, il est reconnu qu'on ne fait pas rapidement un soldat d'un homme brusquement arraché de son foyer, qui n'est pas fait à l'idée qu'il est réellement militaire et peut être appelé à première réquisition. L'empire aurait dû organiser la mobile dès 1868 : la faute qu'il a commise est si lourde, si évidente, qu'il est inutile d'insister pour la démontrer.

D'ailleurs, les mobiles étaient mal armés. Ils sentaient vivement l'infériorité de leur fusil à tabatière au regard du chassepot et du fusil à aiguille prussien. Ils n'avaient pas confiance en leur arme; de là leur hésitation dans certaines circonstances.

Dirons-nous que la mobile était mal commandée ? Cette question est délicate, surtout pour un ancien officier de l'arme. Et certainement la mobile était mal commandée ! Les officiers ne s'improvisent pas plus facilement que les soldats. Les lieutenants et sous-lieutenants étaient trop inexpérimentés, les capitaines trop culottes de peau, les commandants trop vieux.

L'insuffisance des officiers de mobiles et des officiers de l'armée active résultait aussi de l'ignorance où ils étaient les uns et les autres de la tactique nouvelle et des pratiques introduites dans l'armée prussienne depuis l'invention des armes à tir rapide et à longue portée : Je veux parler du combat en ordre dispersé, c'est-à-dire par grandes masses de tirailleurs et du système des réserves, qui permet la succession des efforts dans le combat.

Nous en étions toujours à la guerre de Crimée et d'Italie, à la colonne compacte et serrée qui s'avançait bravement au milieu des champs découverts et se faisait hacher sottement par un ennemi invisible. Nous avions encore sur le combat l'idée fausse de la bravoure française qui consiste à marcher la tête haute, la poitrine découverte et en rase campagne, sans s'inquiéter des balles ennemies. Se cacher dans des fossés, derrière des broussailles! plutôt la mort; ce sont là des procédés de braconniers, indignes d'un soldat.

Cette tactique surannée, et notre amour pour la baïonnette et les charges de cavalerie ont été en grande partie cause de nos désastres, et depuis la guerre, malgré les terribles leçons que nous avons reçues, le soldat français s'habitue difficilement aux manœuvres nouvelles prescrites par le règlement de 1875. Il ne peut pas se défaire complètement des idées fausses qu'il avait sur la manière de combattre.

Cependant les progrès sont immenses. Les dernières grandes manœuvres ont été très-satisfaisantes à ce point de vue et démontrent que l'instruction militaire de notre armée sera bientôt au niveau de la science moderne. Nous pouvons aujourd'hui, sans être taxés de chauvinisme, nous réjouir d'avoir une armée redoutable et avec laquelle nos voisins auraient à compter autrement qu'en 1870; mais réjouissons-nous en vue de la paix que cette force nous assure. Elevons nos enfants dans l'idée que chaque citoyen doit être soldat; occupons-nous constamment des choses militaires afin d'être prêts à tout événement, mais que nos députés sachent bien que nous ne voulons pas de revanche, que la France républicaine veut la paix, que son ambition est de devenir grande et forte par le travail et la liberté, mais non par les victoires et les conquêtes.

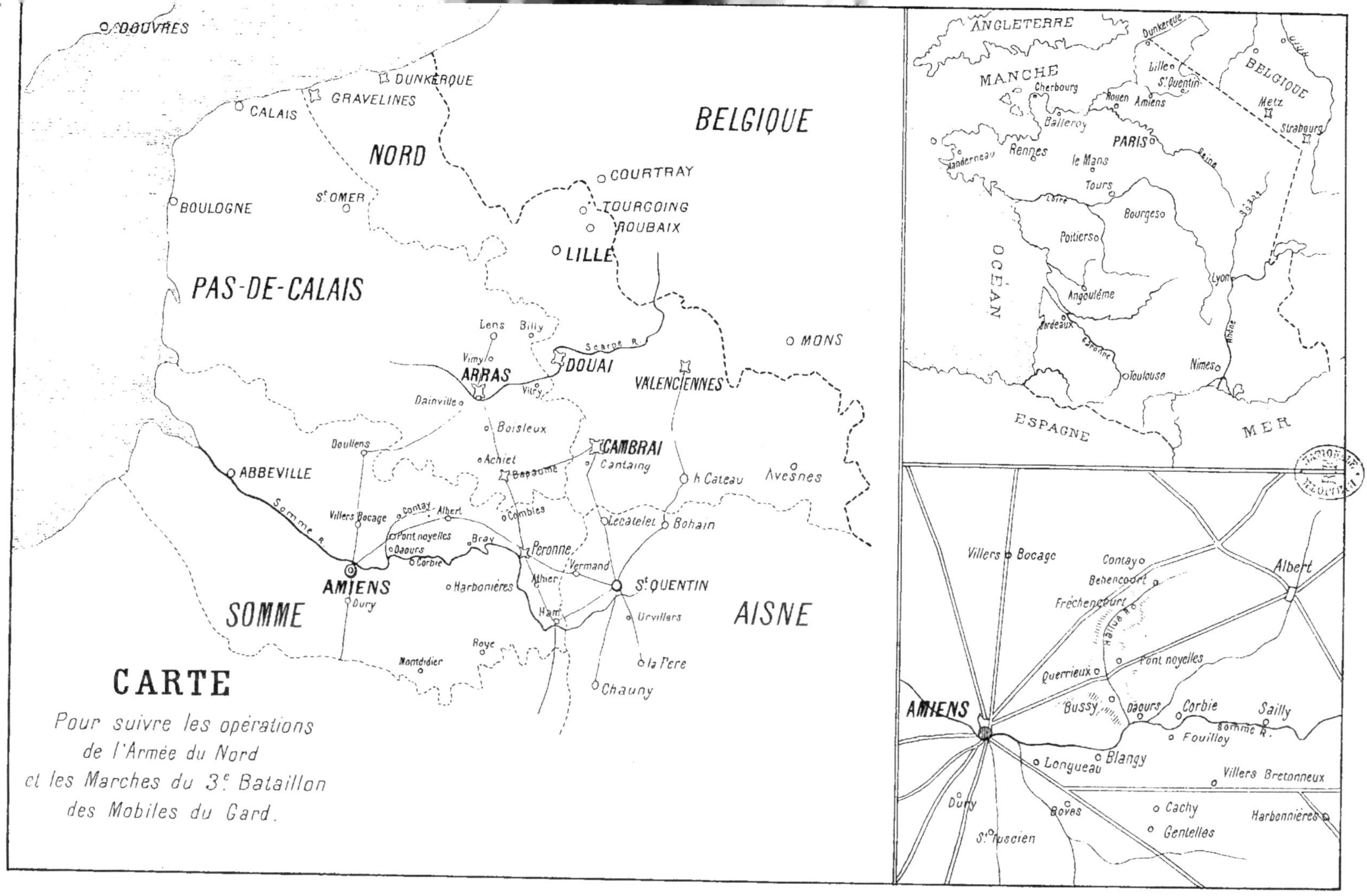

CARTE
Pour suivre les opérations
de l'Armée du Nord
et les Marches du 3e Bataillon
des Mobiles du Gard.

DOUVRES
DUNKERQUE
GRAVELINES
CALAIS
BOULOGNE
St OMER
NORD
BELGIQUE
COURTRAY
TOURCOING
ROUBAIX
LILLE
PAS-DE-CALAIS
Lens
Billy
Scarpe R.
MONS
Vimy
ARRAS
DOUAI
VALENCIENNES
Dainville
Boisleux
Achiet
CAMBRAI
Cantaing
h Cateau
Avesnes
Doullens
ABBEVILLE
Somme R.
Villers Bocage
Contay
Albert
Combles
Lecatelet
Bohain
Pont noyelles
Bray
Peronne
Daours
Corbie
Vermand
AMIENS
Harbonières
Athier
St QUENTIN
Dury
Ham
Urvillers
AISNE
SOMME
Roye
Montdidier
la Fere
Chauny

ANGLETERRE
MANCHE
Cherbourg
Dunkerque
Lille
St Quentin
BELGIQUE
Rouen
Amiens
Metz
Balleroy
PARIS
Strasbourg
Vanderneau
Rennes
le Mans
Tours
Seine
Loire
Bourgeso
OCÉAN
Poitierso
Angoulême
Bordeaux
Garonne
Lyon
Rhône
Toulouse
Nîmes
ESPAGNE
MER

Villers Bocage
Contay
Behencourt
Fréchencourt
Albert
Hallue R.
Querrieux
Pont noyelles
AMIENS
Bussy
Daours
Corbie
Sailly
Somme R.
Fouilloy
Longueau
Blangy
Villers Bretonneux
Dury
Boves
Cachy
Harbonnières
St Fuscien
Gentelles

ÉTAT NOMINATIF

De la 3ᵐᵉ compagnie du 3ᵐᶜ bataillon des Mobiles du Gard

(canton de Bagnols)

Portal,	capitaine,	détaché aux fonctions de major.
Gensoul,	lieutenant,	commandant la compagnie.
Maurin,	sous-lieutenant.	

Guiminel,	sergent-major,	blessé à Saint-Quentin.
Robert,	sergent-fourrier,	tué — —
Nogier,	sergent,	blessé à —
Clauzier,	—	tué — —
Bertrand,	—	blessé à Caulaincourt.
Mazoyer,	—	prisonnier à St-Quentin.
Flandin,	caporal fourrier,	
Lafont,	caporal,	
Gouret,	—	
Martin,	—	blessé à Saint-Quentin.
Imbert,	—	
Mazoyer,	—	
Vincent,	—	

Gardes mobiles:

Bialles Joseph.
Cauvin Emile.
Vallat André.
Fabrol Jean.
Astier Louis.
Martin Auguste.
Paulge Marius.
Teissier Victor.
Miaille Pierre.
Vallat Etienne.
Soullier Félix.
Borelly Henri.
Raoux Adrien (*tué*).
Peyre Joseph.
Pichegu Joseph.
Imbert Joseph.
Imbert Louis.
Chabert Constantin.
Sabonadier Félix.
Robert Joseph.
Larnac Joseph (*tué*).
Roche Blaise.
Divoul Ferdinand.
Tinel Germain.
Raoux Louis.
Malignon Louis.
Arnaud Jean (*blessé*).
Fabre Louis.
Teissier Emile.
Raymond Veyrac.
Vallier.   »
Prade Joseph.
Clap Joseph.
Labeaume Alexis.
Laurent Léopold.
Charrier Jean.
Lagagnier Louis.
Fabre Joseph.
Pradier Jean.
Chabrier Joseph.
Barnouin Simon.
Jullien Jean-Baptiste.
Robert François.
Ribière Ferdinand.
Vauclare Achile (*blessé*).
Portal Félix.

Bonny Joseph.
Laplanche Auguste.
Malmazet Auguste.
Sautel Jean.
Michel Aimé.
Berger Simon.
Bergeon Jean-Baptiste.
Malarthe Louis.
Justamont Louis.
Fabrol Louis (*blessé*).
Pointier Urbain (*tué*).
Héraud Auguste.
Boiron Jean-Baptiste.
Vallat Joseph.
Beaume Marie.
Lagagner Joseph.
Gabriel Louis.
Lafuite Hugues (*tué*).
Méjean Joseph.
Palisse François.
Blachére Jules.
Robert Louis.
Roux Auguste.
Lafont Eugène.
Rivier Louis.
Giraud Ferdinand.
Calvier Anthelme (*blessé*).
Verselin Jean.
Clapier Jean.
Reboul Martin.
Reynaud Simon.
Reynaud Antonin.
Pujade Clément.
Flandin Baptiste.
Langlade Joseph.
Vallat Victorin (*tué*).
Broche Joseph.
Figuière Paul (*tué*).
Reymond Adrien.
Borrely François.
Chabert Jules.
Roux Etienne.
Coste Joseph.
Bayet Joseph (*blessé*).
Crotte François.
Ressaire Edouard.

Hamelin Joseph (*tué*).
Bayet Henri.
Chimieux Jean.
Chabert Marcelin.
Monjau Louis (*tué*).
Roumestan Alexis.
Peyret Etienne.
Bastide Joseph.
Nicolas Jean.
Bernard Auguste.
Viales Auguste.
Antoine Firmin.
Brunel Adrien (*blessé*).
Laviale Jean.
Justamon Victorin.
Blanc Louis.
Cornaillet Joseph.
Robert François.
Chimieux Jules.
Clauzel Antoine.
Vignal Guillaume.
Bertrand Alexandre (*blessé*).
Figuière Auguste.
Arnaud Joseph.
Lacroix Auguste.
Fontanille Louis.
Auzière Auguste.
Girard Jean-Baptiste.
Labeaume François.
Constraint Joseph.
Ode Jean-Baptiste.
Imbert Jean.
Ode Joseph.
Vignal Martin.
Martin Auguste.
Broche Louis.

Brun Auguste.
Bruguier Auguste.
Pecoul Camille.
Pascal Hilarion.
Corduan Barthélemy.
Serre Joseph.
Chauvet Félicien.
Pelaquier Auguste.
Escudier Victor.
Broche Auguste.
Malarte Régis.
Clément Alexis (*tué*).
Laye Joseph.
Bony Auguste.
Monnier Achile.
Brahin Joseph.
Monnier Alphonse.
Joussin Jules.
Rouvier Jean.
Dugas François.
Montel Eudoxe.
Teissier Gustave.
Fabre Auguste.
Sollier Xavier.
Massot Jean-Baptiste.
Lafuite Louis.
Roux Marius (*blessé*).
Vinson Amédée.
Emtat François.
Jouvin Louis.
Martin Jacques.
Ducros Jean (*blessé*).
Antoine Michel.
Michel Antoine (*tué*).
Capon Léon (*tué*).

NOTA. — Les mobiles qui composaient le 3e bataillon apparte-
naient aux cantons d'Uzès, Bagnols, Remoulins, Pont-Saint-Esprit,
Roquemaure, Villeneuve-lès-Avignon, Genolhac, la Grand'Combe
et Bességes.

Nous n'avons pas pu nous procurer les états nominatifs des compagnies formées par ces cantons.

TABLE DES MATIÈRES

—

Nimes. — Imprimerie Jouve, rue Dorée, 24.